AF360102

COLLECTION B**

MONNAIES GRECQUES, ROMAINES

FRANÇAISES ET ÉTRANGÈRES

MÉDAILLES ET JETONS

LIVRES DE NUMISMATIQUE

VENTE AUX ENCHÈRES PUBLIQUES

HÔTEL DES COMMISSAIRES-PRISEURS, 9, RUE DROUOT

Salle n° 9, au 1er étage,

Le Mercredi 21 octobre 1908

A 2 heures précises

EXPOSITION UNE HEURE AVANT LA VENTE

Commissaire-priseur :	*Expert :*
M⁰ ANDRÉ DESVOUGES	M. J. FLORANGE
Succr de Me Delestre	
26, RUE DE LA GRANGE-BATELIÈRE	17, RUE DE LA BANQUE

PARIS

La vente sera fa.te au comptant.

Les acquéreurs payeront, en sus des adjudications, dix pour cent.

L'exposition mettant les acheteurs à même de juger de l'état des pièces, aucune réclamation ne sera admise aussitôt l'adjudication prononcée.

M. J. FLORANGE se charge des commissions qui lui seront confiées aux conditions habituelles (5 0/0 sur la limite).

Il se réserve le droit de diviser ou de réunir les lots.

MONNAIES

Grecques, Romaines, Françaises et Étrangères

Grèce et Rome.

1 Corinthe et Athènes. Didrachmes, etc. Arg. et cuivre.

2 Monnaies grecques diverses. Arg. et cuiv.

3 Thasos. Tétradrachmes, etc.

4 République romaine. Deniers d'argent, etc.

5 Pompée, Sixte-Pompée, Marc-Antoine et Octave. Arg.

6 Octave-Auguste, Agrippa, Caligula et Claude Ier. Arg. et
cuiv.

7 Claude Ier. TI. CLAVD. CÆSAR AVG P. M. T. R. P. VIIII. IMP. XVI.
Tête laurée à dr. R'. DE BRITANN. Arc de triomphe. Or. B.

8 Néron, Vespasien, Domitien. Arg. et cuiv.

9 Nerva, Trajan, Adrien, etc. Arg. et cuiv.

10 Antonin, Marc-Aurèle, Commode, etc. Arg. et cuiv.

11 Septime-Sévère, Caracalla, etc. Arg. et cuiv.

12 Gordien le Pieux à·Quintille. Billon et cuiv.

13 Tacite. Petit médaillon (Coh. 107). Br. usé.

14 Probus à Gratien et monnaies romaines et byzantines.
Cuiv.

15 Gratien. Buste à dr. R⁄. VICTOR IA. AVGG. Deux person-
nages assis de face et couronnés par un ange; à l'ex.:
TROBT. Sou d'or. TB.

15 *bis*. Justinien. Tiers de sou d'or. B.

16 Constant II. Silique (Sab. XXXII. 11 var.). Arg. TB.

17 Théophile. Demi-sou d'or (Sab. XLIII. 9 var.). TB.

Gaule et France.

18 Massaliètes, Pictons, etc. Arg. et cuiv.

19 Parisii, Silvanectes et Bellovaci (La Tour 7820, 7870,
7905). Potin. — 3 p. TB.

20 Lot de monnaies en potin, etc.

21 Charlemagne. Mayence (?). Denier (Gariel VIII. 87). B.

22 Monnaies carolingiennes. — 11 p. B.

23 Monnaies capétiennes. Gros, deniers, etc.

24 Jean le Bon. Franc à cheval (10). Or. B.

25 — Gros blanc aux fleurs de lis. TB.

26 Charles VI. Écu d'or (1). TB.

27 Charles VI à Louis XII. Monnaies de billon.

28 Charles VII. Écus d'or, Angers et Rouen (6). — 2 p. TB.

29 Louis XI. Écu d'or au soleil, Toulouse (1). TB.

30 — Écu d'or à la couronne, St-Pourçain (4). TB.

31 Louis XII. Écu d'or au soleil, Lyon (1). B.

32 — Écu d'or aux porcs-épics, Bordeaux (6). TB.

33 François Ier. Écu d'or au soleil, Toulouse (4). TB.

34 — Écu d'or de Bretagne, Nantes (25). TB.

35 — Écu d'or du Dauphiné, Crémieu (19). B.

36 — Même écu d'or, Romans. AB.

37 — Autre variété de l'écu d'or du Dauphiné, Romans (23). TB.

38 — Teston, Lyon, gr. par Michel Guilhem (42 — Saulcy 165). — 2 p. TB. et AB.

39 — Même teston, légèrement varié dans le dessin, par André de La Roze (42 — Saulcy 175). TB.

40 — Demi-teston aux mêmes types, par Michel Guilhem (43). B.

41 — Teston (rogné) du Dauphiné (52), douzains, etc.

42 Henri II. Teston fr. au Moulin de Paris, 1553 (40). TB.

43 — Demi-teston, 1555, Toulouse, et 1561, Bayonne (66 et 58 var.). TB. et AB.

44 — Teston, teston du Dauphiné (60), gros et 1/2 gros de Nesle et douzains.

45 Charles IX. Testons. Plusieurs variétés. — 8 p. AB.

46 — Demi-testons, 1564, 1565 (13) et 1575 (26). — 3 p. B.

47 — Double sol et sol parisis, douzains. B. et AB.

48 Henri III. Quarts d'écu et testons. — 7 p. B.

49 — Franc, 1/2 franc et 1/4 de franc. — 14 p.

50 — Gros et 1/2 gros de Nesle, douzains, etc. B.

51 Charles X. Quarts et 8e d'écu, douzains, etc.

52 Henri IV. Quarts et 8e d'écu. — 11 p. variées. B.

53 — Quarts et 8e d'écu de Navarre-Béarn. — 10 p. B.
54 — Quart de franc, douzains, etc.
55 Louis XIII. Écu d'or, 1632, Rouen (3 var.). TB.
56 — Demi-écu d'or, 1639, Montpellier (9 var.). Pièce rognée.
57 — Demi-louis d'or, 1643 (24). TB.
58 — Quart d'écu à la croix feuillue, Bayonne, 1611. TB.
59 — Même pièce à la croix fleurdelisée, St-Lô, 1615 (30). B.
60 — Quarts d'écu, 1643, Tours et Poitiers (43). TB.
61 — Huitième d'écu, 1614, St-Lô (33 var.). TB.
62 — Louis d'argent de 30 et de 5 sols, 1642 (88 et 90). TB.
63 — Louis d'argent de 15 sols et de 5 sols, etc. Arg. et cuiv.
64 Louis XIV. Louis d'or aux 8 l., 1646 (12). TB.
65 — Autre variété, 1653. Or. TB.
66 — Quarts d'écu, 1643 et 1644, Bordeaux, 1645, St-Lô, etc.
67 — Écus blancs, quarts et 12es d'écu à la mèche courte. TB.
68 — Demi-écus blancs à la mèche longue. 8 variétés. TB.
69 — Pièces de 30 et de 15 deniers, 1644 (69 et 70). TB.
70 — 12e d'écu du Dauphiné, 1660 (99). B.
71 — Demi-écu blanc, 1662, Rouen (103), 2 sous 1675 (107),
     2 sous 1677, en cuivre à tranche cannelée, etc. B.
72 — Demi-écu de Flandre, dit Carambole, 1687, et 12e d'écu
     1686 (129 et 132). TB et B.
73 — Écu, 1/2 écu, 1/4 d'écu (Rouen) et 12e d'écu aux 8 l.
     (1691, Lille) (133, 134 et 136). B.
74 — Écu et 1/2 écu aux palmes, etc. — 19 p. (140 et 141).
     B.
75 — Demi, quart et 12e d'écu aux insignes, etc. — 16 p.
     (154 à 156). B.
76 — Demi-écus, 1/4 et 12e d'écu aux 8 l (175 à 177). B.
77 — Écus, 1/2, 1/4 et 10e d'écu aux 3 couronnes (187 à 191).
78 — Strasbourg. 16 deniers, 2 sols 1682 et 33 sous 1705
     (221, 279 et 286). B. et TB.
79 — Liard de Corbeil 1654, 20, 10 et 5 sols du siège de
     Lille, etc.
80 Louis XV. Louis d'or aux lunettes, 1726, Rouen (16). TB.
81 — Quart et 10e d'écu vertugadin, 1716, et petit louis d'arg.,
     1726 (29, 30 et 34). — 3 p. B.

83 — Écu et quart d'écu de Navarre, 1718, Amiens et Lille ;
20 et 10 sols, 1719 (34, 36, 38 et 39). — 6 p. B.

84 — Tiers, 6e et 12e d'écu de France (42 à 44). TB.

85 — Écu aux 8 L, 1724, Amiens (45). FDC.

86 — 1/2 écu et 8e d'écu aux 8 L, 1725 (46 et 48). B. et TB.

87 — Écu et 1/2 écu, 24, 12 et 6 sols au bandeau (55 à 61).
B.

88 — Écu, 24 et 12 sols à la vieille tête (62, 65 et 66). TB.

89 — Sols, 1/2 sols, etc. Cuiv. et billon.

90 — Colonies de l'Amérique. Pièce de 12 deniers, 1717,
Perpignan (81). Pièce rarissime. Variété du n° 1 de Zay
(d'après le dessin d'Hoffmann) en ce qu'à l'avers la
rosace parait être plutôt un gland et qu'au revers la
date 1717 est précédée d'un cœur enflammé. Diam.:
30 mm. ; épaisseur : 2 mm. ; poids : 13 gr. B.

91 — — Livre d'argent de 20 sols, fabriquée par la Cie des
Indes, 1720 (84). — 3 p. TB.

92 — Isles du Vent. 12 sols, 1731 (85). TB.

93

94 — Monnaies coloniales variées en arg. et cuiv. B.

95 Louis XVI. Double louis d'or, 1786 (5). TB.

96 — Écu de 6 livres et divisions. Arg. et cuiv. TB.

97 — **Période constitutionnelle.** 15 sols 1791, Limoges, Metz,
Orléans, Paris, Toulouse, et monnaies de cuiv.

98 — Essai, 1791. Buste du roi à dr. et bonnet phrygien sur
une pique (H. 345 — Dew. V. 8). Métal de cloche. AB.

99 — Essai de Gerbeault et dixains en cuiv. jaune et en métal de cloche. — 3 p. B.

100 — Monneron de 5 sols au serment (Dew. VII. 2 et 3). Br. — 3 p. TB.

101 — Monneron de 2 sols à la Liberté assise (Dew. VII. 1, 5 et 6). Br. — 6 p. TB.

102 — Barnabites. Essai de métal de cloche à bélière. — Caisse de Bonne Foi, 1791, etc. — 8 p. TB.

103 — Petit écu, 30 et 15 sols et cuivre, 1792.

104 — Pièce de 12 deniers, 1792 (l'avers du coin de la pièce de 30 sols). Cuiv.

105 — Monneron de 5 sols au serment, 1792 (Dew. X. 12, 14, 15, 16). Br. — 11 p. TB.

106 — Monneron de 5 sols et d'un sol à l'Hercule. — 3 p. FDC.

107 — Monneron de 2 sols à la Liberté assise, etc., cuiv. arg. et étain.

108 — Essai ? LVDOV · XVI · REX · CHRISTIAN · Buste de Louis XVI à dr. Coin de Duvivier. R. VINCIT CONCORDIA FRATRUM. Hercule assis rompant le faisceau (revers des six corps des marchands). Br. Pièce très épaisse à tranche cannelée. TB.

109 — Essai de 2 sols, 1792. Buste du roi à g. (avers de la pièce de 2 sols, de 1791). R. REPUBLIQUE FRANÇAISE. 1792. Dans une couronne de laurier : PIECE D'ESSAI (Dew. XIII. 10). Br. jaune. B.

111 — Essai de 2 sols, 1792. Buste du roi à g. (avers de la pièce de 2 sols, 1792). R. REGNE DE LA LOI. Le Génie deb. à dr. (Dew. XIII. 11 var.). Br. jaune. B.

112 — Écus de 6 livres, Paris et Toulouse, 30 sols, Marseille et Montpellier, et cuivre, 1793. B.

113 République. Essai de Brézin, 1792 (Dew. XIV. 1). Br. TB.

114 — Essai de Galle au buste de Mirabeau, 1792 (Dew. XIV. 6). Métal de cloche. B.

115 — Essai de Galle au buste de la Liberté à g., 1792 (Dew. XIV. 8). Métal de cloche. TB.

116 — Essais au Génie, 1793 (Dew. XVI. 3, 4, 5). 3 var. Br. jaune. TB.

117 — Essai du décime, 1793 (Henn. 611. — Dew. XVI.
6 var.). Cuiv. coulé. B.

118 — Essai ? La valeur 50 surmontée du bonnet phrygien.
R. lisse. Cuiv. TB.

119 — 5 décimes de Robespierre (Dew. XVI. 12), essai à la
Liberté assise, etc. (Dew. XVI. 12 et XVII, 3 et 4). —
5 p. TB.

120 — Écu de 6 livres au Génie, 1793, Paris et Lille. — 3 p.
TB.

121 — 2 sols, sols et 1/2, sols variés, 1793, etc. Br. B.

122 — 5 francs à l'Hercule, an 4, et cuiv. B.

123 — Un décime, cinq centimes et pièces surfrappées, an 5.
Cuiv. B.

124 — Essai de Tournu, 1797. Balancier et légende (Henn.
806 — Dew. XXIII. 11). Br. TB.

125 — Essai de Gengembre, 1797. Module du centime (Henn.
807 — Dew. XXIII. 12). Cuiv. — 2 p. TB.

126 — Essai du centime et centime, an 6 (Dew. XXV. 2 et 6).
Cuiv. — 3 p. B.

127 — Un décime, cinq centimes et centimes, an 7 et an 8,
monnaies de nécessité, etc. Cuiv. B.

128 — Essai de Gengembre à la tête de Lavoisier, an 8 et
an 9. Cuiv. — 4 p. TB.

129 — Pièce de 5 francs à l'Hercule, an 9, Bayonne. B.

130 — Cinq centimes, an 9, Genève et 30 soldi de la république cisalpine. — 2 p. TB.

131 — Sol de St-Domingue. 1801 (Zay, 85). B.

132 — 20 francs de Marengo, an 10. Or. TB.

133 — 5 francs de la Gaule subalpine, an 10. TB.

134 — Essai de Gengembre au buste du 1er Consul, an X (Dew.
XXVII. 3). Br. 2 var. dans la tranche. TB.

135 — Essai au coq, 1801. « Paix et amitié entre la France et
la Russie. » Coin de Tioler (Dew. XXVII. 4). — 2 p.
Arg. et cuiv., tranche fleuronnée. TB.

136 — Même pièce en cuiv. avec tranche chevronnée. TB.

137 — Ducat au chevalier deb., frappé à Utrecht. Or. TB.

138 — Franc et demi-franc à la tête du 1er Consul, an XI. —
2 p. TB.

139 — Franc, an XI, fr. à Genève (Catalogue Dewamin, n° 1875). TB et *très rare*.

140 — 2 francs (Bayonne et Toulouse), franc, demi et quart de franc (Paris), an 12. — 6 p. TB.

141 Napoléon Ier. 2 francs, demi et quart de franc, an 12. — 4 p. B.

142 — 5 francs, franc, 1/2 et quart de franc, an 13. — 6 p. TB.

143 — 5 francs (galvano) et 2 francs, an 14. — 2 p. TB.

144 — 1 et 2 francs, 1/2 et quart de franc 1806. — 4 p. B et TB.

145 — Quart de franc, 1807, Limoges. TB.

146 — 1 et 2 francs, demi et quart de franc à la tête nue, dite de nègre, 1807. — 5 p. TB.

147 — 1 et 2 francs et quart de franc à la tête laurée, 1807. — 4 p. TB.

148 — 1 et 2 francs, demi et quart de franc, 1808, Paris. — 4 p. FDC.

149 — 2 francs (Paris), franc (Rouen), 1/2 francs (Paris et Lyon), 10 et 5 cent., 1808. — 10 p. B et TB.

150 — Quart de franc et 10 cent., 1809. — 10 p. FDC. et TB.

151 — Franc, 1/2 franc et 10 cent., 1810. — 5 p. TB.

152 — 2 francs (Paris) et 1/2 franc (Marseille), 1811. — 2 p. FDC.

153 — 5 francs, franc et 1/2 franc, 1812. — 4 p. TB et FDC.

154 — 5 francs et 1/2 franc, 1812, Utrecht. — 2 p. B. et FDC.

155 — Francs (Marseille et Paris) et 1/2 franc (Paris), 1813. — 3 p. FDC.

156 — 2 francs, 1813, Utrecht. TB.

157 — Franc et 1/2 franc, 1814. — 2 p. TB.

158 — 1/2 franc, 2 pièces, l'une contremarquée d'une tête humaine, l'autre incuse. TB.

159 — Sièges de Strasbourg et d'Anvers, 1814, décime, 10 et 5 cent. - 7 p. B.

160 Louis XVIII (1re Restauration). 5 francs, 1814. — 2 p. TB.

161 — Blocus de Strasbourg et d'Anvers. 1814. Décime et 5 cent. — 2 p. B.

162 — Ange de Paix de Prusse. Br. argenté, module de 2 francs, TB.

163 Napoléon Ier (les Cent Jours). 2 francs, 1815. — 2 p. B.

164 — Second blocus de Strasbourg. Décimes au chiffre de Nap. et de Louis XVIII. — 6 p. B.

166 Napoléon Ier roi d'Italie. Milan. Soldo, 3 et 1 cent., 1807. — 5 p. TB.

167 — 15 et 10 soldi et 3 cent., 1808. — 4 p. B.

168 — 5 et 2 lire, 5 soldi et soldo, 1809. — 6 p. B.

169 — 10 et 5 soldi et soldo, 1810, 1811 et 1812. — 8 p. B.

170 — 2 lire, 5 soldi, 10 cent. et soldi, 1813. — 5 p. TB.

171 — 2 lire, 10 et 5 soldi, 1814. — 3 p. FDC. et TB.

172 — Bologne. Lira. 1810 et 1811 et cent., 1808. — 4 p. FDC. et TB.

173 — Venise. 10 soldi, 1812 et cent., 1809. — 2 p. B.

174 Joseph-Napoléon, roi d'Espagne. 20 et 4 réaux 1810, etc. Arg. et cuiv. — 7 p. B.

175 Jérôme-Napoléon, roi de Westphalie. 20 fr., 1809. Or. B.

176 — Deux francs, 1808. B.

177 — Franc, 1808. AB. *Très rare.*

178 — Demi-franc, 1808. AB.

179 — 20, 10, 5, 3, 2 et 1 cent., 1808 à 1812. — 10 p. TB.

180 — 5 thaler, 1812. Épreuve étain doré. TB.

181 — Écu, 1812. TB.

182 Joachim-Napoléon, roi des Deux-Siciles. 5 lire et divisions. — 7 p. B.

183 Félix et Élisa Bacciochi. 5 franchi et 1 franco. — 7 p. B.

184 Louis-Napoléon, roi de Hollande, Joachim Murat, Pce de Neuchatel, etc. Arg., billon, étain et cuiv. — 11 p.

185 Marie-Louise. 1 et 2 lire, 10 et 5 soldi, 1815, 10 soldi et 5 cent. 1830. — 8 p. TB. et B.

186 — 5 lire, 1832. TB.

187 Napoléon II. 5 fr. et 1/2 franc, 1816. 2 essais. Arg. et cuiv. TB.

188 Louis XVIII. 40 francs, 1815. 2 essais de Michaut et de Tiolier (2e type). Étain. TB.

189 — 5 francs et divisions. — 18 p. B et FDC.

190 — 10 et 5 cent., 1821 (essais), etc. Cuiv. et billon. — 11 p. TB.

191 Charles X. Concours de 1824. 11 essais variés de la pièce de 40 francs. Étain uniface. TB et FDC.

192 — 19 essais variés de la pièce de 5 francs. Étain uniface. TB et FDC.

193 — 2 francs, franc, 1/2 et 1/4 de franc. — 18. p. TB et FDC.

194 — Essais, visites à la Monnaie, monnaies coloniales. Cuiv. — 9 p. TB et FDC.

195 Henri V. 5 francs, 1831. Tranche inscrite (Dew. 50. 3). TB.

196 — 2 francs, 1832. Tranche lisse (Dew. 50. 6). FDC.

197 — 2 francs, 1833 (Dew. 50. 7). Cuiv. FDC.

198 — Franc, 1/2 et 1/4 de franc. — 4 p. TB. et FDC.

199 Louis-Philippe. 5 francs, 1830. — 2 p. FDC. et TB.

200 — Franc, 1831, Paris et Rouen. — 2 p. TB.

201 — 5 francs. Visite à la Monnaie de Rouen, 1831. Arg. TB.

202 — 1 et 2 francs, 1/2 et 1/4 de franc. — 17 p. FDC. et TB.

203 — 50 et 25 centimes. — 17 p. FDC. et TB.

204 — Colonies. 10 et 5 cent. Guyane. 10 cent. — 12 p. TB. et FDC.

205 — Décime. Essai de Domard (Dew. 54. 13). FDC.

206 — 3, 2 et 1 cent. au coq. Essais de Domard. FDC.

207 — Essais de la presse Thonnelier, etc. (Dew. pl. 55 nᵒ 23, pl, 56 nᵒˢ 10, 11, pl. 57 nᵒˢ 1, 6, 16, 20). — 7 p. Cuiv. et étain. TB.

208 — Refonte des monnaies. Décime, 5, 2 et 1 cent. — 20 p. FDC. et TB.

209 — Essais à la charte. 10, 5, 2 et 1 cent. 1847. 2 séries variées. FDC.

210 République. Concours de 1848. Essais pour les pièces de 20 et de 5 francs. Cuivre et étain. — 18 p. FDC. et TB.

211 — Essai pour la pièce de 5 fr. Coins de Dieudonné (Dew. 61. 8). Piéfort en arg. Tranche lisse. FDC.

212 — Essais pour la pièce de 10 cent. — 35 p. Cuiv. FDC.
et TB.

213 — Essais de Thonnelier (1843), banque du peuple. Cuiv.
— 4 p. TB.

214 — Essais de monnayage pour la Suisse et le Chili, 1851
(Dew. pl. 66 nos 2, 3, 4 et 6). Nickel et Cuiv. — 5 p.
FDC.

215 — 5 et 2 francs, franc, 50 et 25 cent. 1849 à 1851. —
12 p. FDC.

216 — Centimes 1848 à 1851. Cuiv. jaune et rouge. — 19 p.
FDC.

217 Louis Napoléon Bonaparte, président. Essais de Barre
et de Bovy, 1851-1852 (Dew. 71 nos 1 et 12). Cuiv. —
3 p. FDC.

218 — 5 francs, francs et 50 cent., 1852. — 6 p. FDC.

219 — Essai de la pièce de 10 cent.. 1852 (Dew. 72. 11).
FDC. *Rare.*

220 Napoléon III. Essai de Barre. 5 francs, 1853 (Dew. 73.
2). FDC.

221 — Essai de Barre. 5 francs, 1853 (Dew. 73 n° 4 avers
et n° 3 revers). Étain. TB.

222 — 5 francs de Bouvet, 1856. FDC.

223 — 20 cent. de Barre. 1853 (Dew. 74. 7 et 77. 7). 2 var.
FDC.

224 — 20 cent., 1861 et 50 cent., 1862. 4 essais variés.
FDC. et TB.

225 — Francs, 50 et 20 cent. variés. FDC.

226 — 10, 5, 2 et 1 cent., 1852 à 1857. Visite à la Monnaie
de Paris, visite à la Ville et à la Bourse de Lille,
monument érigé à la Bourse de Lille. — 25 p. TB.
et FDC.

227 — Piéfort de la pièce de 2 cent., 1853, Bordeaux. TB.

228 — Essai en nickel, 1856, module de 5 cent. (Dew. 75.
14). FDC.

229 — Essais de 50 et de 20 cent., 1864. Cuiv. plaqué
d'arg. — 4 p. FDC.

230 — Essai d'un franc. 1866 (Dew. 80. 11). FDC.

231 — 1 et 2 francs, 50 et 20 cent. — 15 p. FDC.

232 — 10, 5, 2 et 1 cent. — 25 p. FDC.

233 — Essais de 2 et 1 cent., 1868. Paris. FDC.

234 — Fonderies et laminoirs de Blache-St-Vaast. Tête de Cérès à dr. (coin de Barre). R'. OESCHGER MESDACH ET Cie. Dans le champ ESSAI ; au dessous 1867. Cuiv. TB.

235 — Monnaies de l'Empire français. 100, 50, 20, 10 et 5 fr. Cuiv. plaqué or. 5, 2, 1 franc, 50 et 20 cent. Cuiv. plaqué argent, et 10, 5, 2 et 1 cent. Cuiv. Toutes ces pièces unifaces et appliquées sur un tableau recouvert de velours, sont de 1855, excepté celles de 10 et de 5 centimes qui sont de 1856.

236 — Autre tableau pareil, avec la même série d'essais. Elles sont toutes de 1862, à l'exception des pièces de 5 francs 1861, de 50 et 20 cent. 1864 et 10, 5, 2 et 1 cent. de 1861.

237 — Collection de sous retouchés, caricaturant l'emp. et se rapportant pour la plupart à la guerre de 1870.

238 Napoléon IV. Essais de 5, 2 et 1 francs, 50 et 20 cent. 1874. Arg. FDC.

239 République. Essai de Barre. Module du franc (Dew. 83. 1). Cuiv. TB.

240 — Pièce de fantaisie de 5 francs au buste de Gambetta. Arg. FDC.

241 — Pièce de fantaisie de 10 cent., 1870. Strasbourg (Dew. 83. 9). Cuiv. TB.

242 — Pièce de fantaisie au ballon 1870. Cuiv. — 2 p. FDC.

243 — Pièce de 5 fr. à la tête de Cérès. Paris (octobre) 1870. FDC.

244 — Pièce de 2 fr. à la tête de Cérès. Paris (sept. et oct.) 1870. — 2 p. FDC.

245 — Pièce de 2 fr. à la tête de Cérès, Bordeaux (octobre), 1870. TB.

246 — 10 cent. (décembre) 1870. — 2 p. FDC.

247 — Commune. 5 francs, 1871. FDC.

248 — 2 francs, Bordeaux et Paris, et 1 franc, 50 cent., Paris, 1871, et cuivre. — 19 p. FDC. et TB.

249 — Pièce de fantaisie au buste de Thiers, 1872. Arg.
FDC.

250 — 5 francs à l'Hercule, 1875, 1878, 2 francs, etc. —
19 p. FDC.

251 — 10, 5, 2 et 1 cent. — 112 p. de dates diverses. FDC.

252 — 1 et 2 francs et 50 cent. à la Semeuse, 1897, 1899 et
1900. — 6 p. FDC.

253 — 10, 5, 2 et 1 cent. (Daniel Dupuis), 1898 à 1908. —
63 p. FDC.

254 — Projet de nickel Michelin, au chiffre 1. FDC.

255 — N^elle-Calédonie. 25 cent., 1881. Nickel. TB.

256 — Cochinchine, Indo-Chine, Cambodge, Tunisie, etc.
Arg. et Cuiv. — 34 p. TB.

257 Bourgogne. Philippe le Bon. Cavalier d'or (P. d'A. 5728).
TB.

258 Lot de monnaies féodales. Arg. et cuivre.

Monnaies étrangères.

259 Allemagne, Autriche, Bavière, Wurtemberg, etc. Arg.,
billon et cuiv.

260 Angleterre. Lot de monnaies. Arg. et cuiv. TB.

261 — Exposition de Londres, 1851. Essai de la presse
monétaire Uhlhorn de Grevenbroich. Br. doré, module
de 5 francs. Légende en relief sur tranche. FDC.

262 Espagne. Monnaies variées. Arg. et cuiv.

263 — Isabelle II. Essai de 20 réaux de Fernandez 186. et
frappé à la monnaie de Paris. Br. FDC.

264 — Gouvernement provisoire. Essai de 1869, etc. Laiton.
Arg. et cuiv. TB.

265 — Charles VII. Pièce de 5 pesetas, 1874. Coin de
Bembo. Arg. FDC.

266 — Alphonse XII et XIII. 5 pesetas et divisions. TB.

267 Grèce. Georges. Monnaies courantes et essais. Arg. et
cuiv. FDC.

267 *bis*. Hongrie. Ducat d'or. TB.

267 *ter*. Italie. Rome, Sicile et Venise. — 3 pièces d'or. TB.

268 — Bologne, Florence et Milan. Arg. et cuiv.
269 — Monnaies papales diverses. Arg. et cuiv.
270 — Savoie, Sardaigne, Sicile, etc. Arg. et cuiv.
271 Pays-Bas, Hollande et Belgique. Arg. billon et cuiv.
272 Flandre. Philippe le Bon. Lion d'or. TB.
273 Hollande. Philippe le Bon. Cavalier d'or. TB.
274 Pologne. Ducat d'or au chevalier debout (type hollan-
dais), 1831. TB.
275 Pologne, Portugal, Roumanie, Serbie. Arg. et cuiv.
276 Russie, Suède, Suisse, etc. Arg. et cuiv.
277 Pays Ottomans, Afrique portugaise, Congo, Abyssinie,
Transwaal. Arg. et cuiv.
278 Indes, Siam, Chine, Japon, etc. Arg. et cuiv.
279 États-Unis d'Amérique. 1/2 dollar 1893, dîme, 1802, etc.
Arg. et billon.
280 — Cents, 1794, 95, 98, 1800, etc. Belle suite.
281 — Wartokens et autres. Cuiv. TB. Lot intéressant.
282 Canada, Mexique, Haïti, Panama, etc. Arg. et cuiv.
283 Honduras, Équateur, Venezuela, etc. Arg. et cuiv.
284 Pérou, Chili, Rep. Argentine, Brésil. Arg. et cuiv.

Jetons et Médailles.

285 Louis XIII, XIV et XV. Jetons. Arg. et cuiv.
286 Paris. Jeton des horlogers sous Louis XVI. Coin de
Droz. Arg. B.
287 — Assemblée du Clergé, 1770. Arg. octog. TB.
288 — N.-D. aux Bourgeois. Grande Confrairie, 1612. Cuiv.
TB.
289 Louviers. Notaires de l'arrondt, 1829. Buste de saint Louis
et armes royales. Cuiv. octog. Coin de Gatteaux. FDC.
290 Bretagne. États, 1742, 1744, 1778 et 1784. Arg. — 4 p.
TB.
291 Lyon. Guy de Fenoyl, comte de Toreille, et Barbe Char-
lotte Migieu de Savigny, son épouse. Jeton. s. d.
(Arm. I. 1253 bis). Cuiv. TB. et *très rare. Ce person-
nage naquit à Lyon en 1668 et mourut sans enfant*

en 1723, après avoir été premier président du Parlement de Pau.

292 Sens. Juge et consuls sous Louis XVI. Coin de Droz. Arg. TB.

293 Louis XV et le Régent. Deux médailles. Vermeil. 42 mm. TB.

294 Louis XVI et Révolution. Br.

295 Monneron au buste de J.-J. Rousseau. Br. — 2 p. dont l'une dorée. FDC. et TB.

296 Lyon. Caisse d'escompte, 1796 (Henn.). — Cuiv. 32 mm. TB.

297 Consulat. Insigne du Corps législatif, 1800, etc. Arg. et cuiv.

298 — Paix générale, 1801 (Mill. 401). Arg. 14 mm. TB.

299 Napoléon I. Procédé de Gengembre, an XII, couronnement, 1804, etc. Arg. et cuiv.

300 — Loge des amis réunis de Paris (Zirkel, 575). Cuiv. uniface. 34 mm. B.

301 — Loge Mars et les arts (Donadio), 1806. Br. 27 mm. TB.

302 — Son mariage, etc. Arg. et cuiv. B.

303 Louis XVIII, Henri V, Charles X. Arg. et Br. TB.

304 Louis-Philippe et 1848. Obélisque de Louqsor, visites à la Monnaie, grande médaille des chemins de fer, 1842. Br. TB.

305 — Méd. 1831, de Bovy, au buste de Paganini. Br. 55 mm. FDC.

306 Napoléon III. Exposition universelle, 1855 (Barre). Arg. 60 mm.

307 — Visite de l'emp. et de l'impératrice à la Monnaie, 3 mai 1854. Br. 50 mm. 2 var. dans un écrin. FDC.

308 — Visite à la Monnaie du P^{ce} Napoléon et de la P^{cesse} Clotilde, 1860. Br. 45 mm. FDC.

309 — Visite à la Monnaie du roi des Hellènes, 1863. Br. 50 mm. FDC.

310 — Visite à la Monnaie du P^{ce} Humbert d'Italie, 1864. Br. 51 mm. FDC.

311 — Visite à la Monnaie du P^{ce} Impérial, 1869 Br.
46 mm. FDC.

312 — Chemin de fer de Ceinture de Paris, rive gauche,
1867. Tête de l'emp. et le viaduc d'Auteuil. Deux
épreuves de Merley en étain. 76 mm. TB.

313 — Décorations diverses et bijou maçonnique, Ste-Hélène,
Mentana, etc. Arg. et cuiv. — 7 p. TB.

314 — Méd. diverses jusqu'à la chute de l'empire. Br. et
étain.

315 République. L'emp. et l'imp. du Brésil à la Monnaie de
Paris, 1872. Br. 42 mm. TB.

316 — Le schah de Perse à la Monnaie de Paris, 1873. Br.
42 mm. FDC.

317 — Cie des notaires de Paris (coin de Chaplain), 1893.
Arg. 37 mm. TB.

318 — Chambres syndicales du Dép^t de la Seine. Industrie
et bâtiment. Méd. décernée en 1898 (coin de Costel).
Arg. avec écrin. 72 mm. TB.

319 Méd. allemandes, belges et espagnoles. Arg. et cuiv.

320 Sardaigne. Victor-Amédée III. Méd. militaire (Lavy).
Arg. 38 mm. Bélière enlevée. B.

321 Suisse. Méd. de Stampfer au serment du Grutli. Arg.
45 mm. B.

322 États-Unis d'Amérique. Président Grant (coin de
Kaufmann). Cuiv. doré dans un encadrement à bélière.
92 mm. TB.

323 — Amiral Boscawen prend le cap Breton. Son buste à
dr. R. Bombardement de Louisbourg, 1758. Cuiv.
40 mm. TB.

324 Mort de Turenne à Saltzbach, 1675. Matrice en cuiv.
80 mm. TB.

325 Lot de jetons, méd. religieuses et autres ; poids moné-
taires, boutons.

326 Lot de monnaies romaines, franç. et étrangères. Arg. et
cuivre.

326 *bis*. Deniers et bronzes romains, monnaies et médailles
étrangères. Arg. et Br.

Livres, etc.

327 Almanach des monnaies, 1785 et 1787. In-12.
328 Blanchet. Les monnaies romaines. Paris, 1896. In-12.
    Broché.
329 — Les monnaies grecques. Paris, 1894. In-12. Br.
330 Catalogue des collections Dassy, Dewismes, Moustier,
    Rignault (Delombardy), Rousseau, etc.
331 Fillon (B.). Considérations sur les monnaies de France.
    Fontenay-en-Vendée. 1850. In-8. Relié.
332 Jacob K. Traité élémentaire de numismatique ancienne.
    Paris, t. I, 1825, in-8. Cartonné.
333 Le Blanc. Traité historique des monnaies de France.
    Armsterdam, 1692. 1 vol. in-4, veau plein, avec la
    dissertation historique.
334 Rouyer et Hucher. Histoire du jeton au moyen âge.
    1re partie. Paris, 1858. Gr. in-8. Br.
335 Médaillier à 34 tiroirs avec cartons.

MACON, PROTAT FRÈRES, IMPRIMEURS